Impressum
Verlag: BABADADA GmbH, Nedderfeld 112 , 22529 Hamburg
Geschäftsführer / Verlagsleitung: Harald Hof
Druck: Books on Demand GmbH, In de Tarpen 42, 22848 Norderstedt

Imprint
Publisher: BABADADA GmbH, Nedderfeld 112 , 22529 Hamburg, Germany
Managing Director / Publishing direction: Harald Hof
Print: Books on Demand GmbH, In de Tarpen 42, 22848 Norderstedt, Germany

# школа

## die Schule

класны пакой
das Klassenzimmer

дзяліць
dividieren

186/2

дошка
die Tafel

школьны двор
der Schulhof

настаўнік
der Lehrer

папера
das Papier

пісаць
schreiben

ручка
der Stift

пісьмовы стол
der Schreibtisch

лінейка
das Lineal

кніга
das Buch

вучань
die Schüler

ранец

der Ranzen

пенал

die Federmappe

просты аловак

der Bleistift

тачылка для алоўкаў

der Bleistiftanspitzer

гумка

das Radiergummi

альбом для малявання

der Zeichenblock

малюнак

die Zeichnung

пэндзлік

der Pinsel

фарбы

der Malkasten

нажніцы

die Schere

клей

der Klebstoff

сшытак

das Übungsheft

хатняе заданне

die Hausaufgabe

лік

die Zahl

дадаваць

addieren

адымаць

subtrahieren

множыць

multiplizieren

лічыць

rechnen

літара

der Buchstabe

алфавіт

das Alphabet

слова

das Wort

тэкст

der Text

чытаць

lesen

крэйда

die Kreide

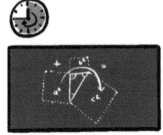

ўрок

die Stunde

класны журнал

das Klassenbuch

экзамен

die Prüfung

атэстат

das Zeugnis

школьная форма

die Schuluniform

адукацыя

die Ausbildung

энцыклапедыя

das Lexikon

універсітэт

die Universität

мікраскоп

das Mikroskop

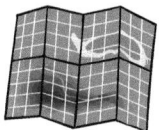

карта

die Karte

смеццевы кошык

der Papierkorb

# падарожжа

## die Reise

гатэль
das Hotel
Grand
хостэл
die Herberge
ROOMS
абменны пункт
die Wechselstube
EXCHANGE
чамадан
der Koffer
аўтамабіль
das Auto

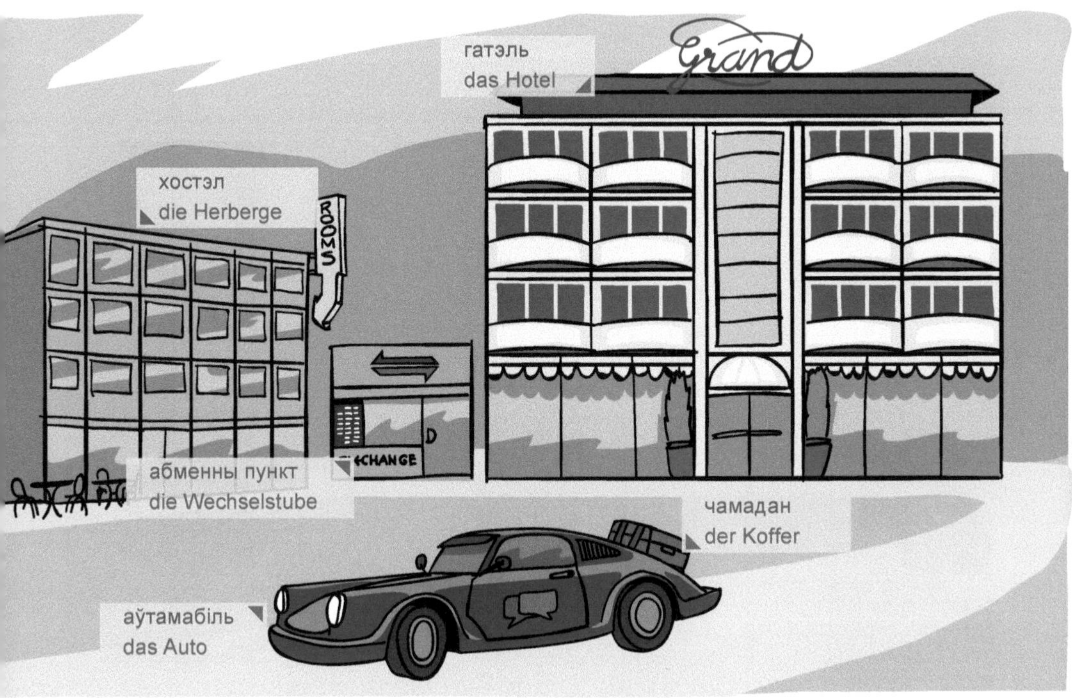

мова

die Sprache

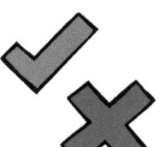

так / не

ja / nein

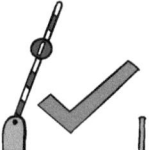

добра

Okay

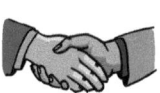

прывітанне!

Hallo

перакладчык

der Übersetzer

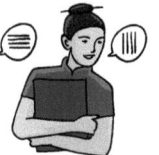

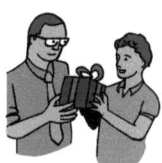

дзякуй

Danke

Колькі каштуе....?

Was kostet...?

я не разумею

Ich verstehe nicht

праблема

das Problem

Добры вечар!

Guten Abend!

Добрай раніцы!

Guten Morgen!

Дабранач!

Gute Nacht!

да пабачэння

Auf Wiedersehen

кірунак

die Richtung

багаж

das Gepäck

сумка

die Tasche

заплечнік

der Rucksack

госць

der Gast

пакой

das Zimmer

спальны мяшок

der Schlafsack

палатка

das Zelt

інфармацыя для турыстаў

die Touristeninformation

пляж

der Strand

крэдытная картка

die Kreditkarte

снеданне

das Frühstück

абед

das Mittagessen

вячэра

das Abendessen

праязны білет

die Fahrkarte

ліфт

der Fahrstuhl

паштовая марка

die Briefmarke

мяжа

die Grenze

мытня

der Zoll

пасольства

die Botschaft

віза

das Visum

пашпарт

der Pass

# транспарт
# der Transport

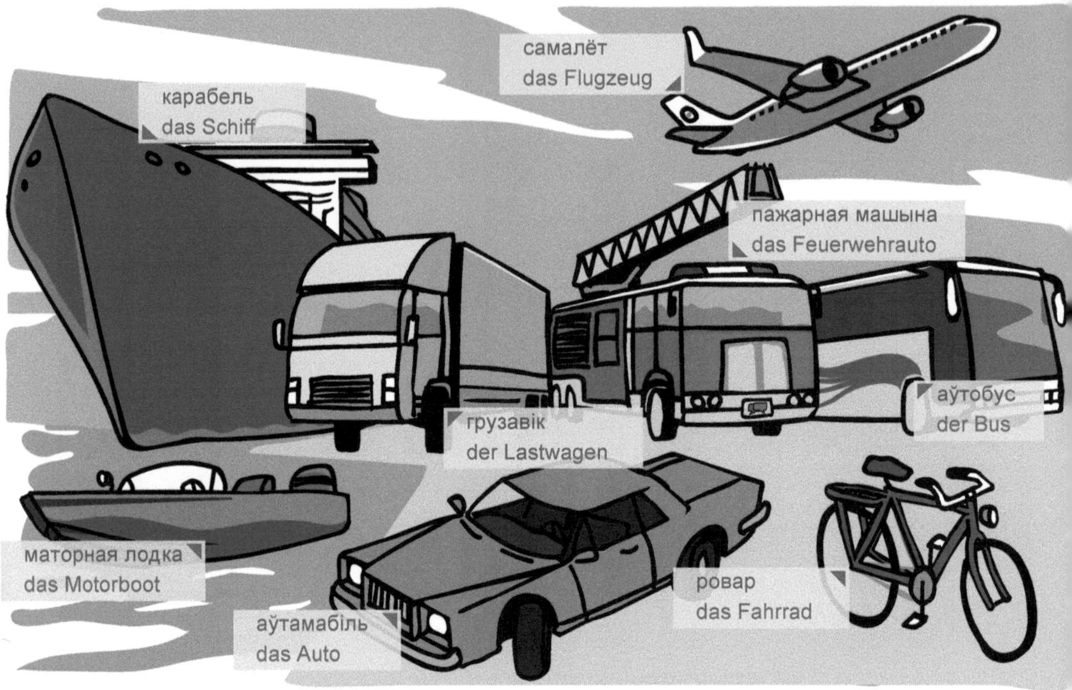
самалёт
das Flugzeug
карабель
das Schiff
пажарная машына
das Feuerwehrauto
аўтобус
der Bus
грузавік
der Lastwagen
маторная лодка
das Motorboot
ровар
das Fahrrad
аўтамабіль
das Auto

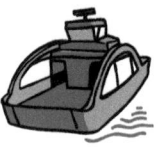

паром

die Fähre

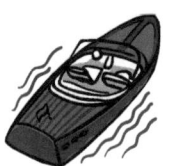

лодка

das Boot

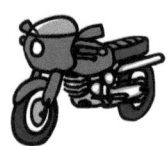

матацыкл

das Motorrad

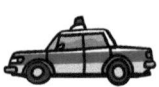

паліцэйская машына

das Polizeiauto

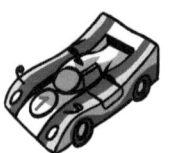

гоначны аўтамабіль

das Rennauto

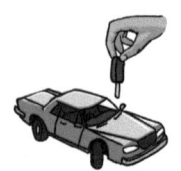

арэндаваны аўтамабіль

der Mietwagen

сумеснае карыстанне
аўтамабілем

das Carsharing

эвакуатар

der Abschleppwagen

смеццявоз

das Müllauto

матор

der Motor

паліва

der Kraftstoff

запраўка

die Tankstelle

дарожны знак

das Verkehrsschild

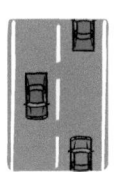

дарожны рух

der Verkehr

затор

der Stau

паркоўка

der Parkplatz

чыгуначная станцыя

der Bahnhof

рэйкі

die Schienen

цягнік

der Zug

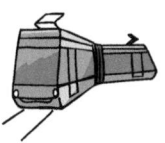

трамвай

die Straßenbahn

вагон

der Wagon

верталёт

der Helikopter

аэрапорт

der Flughafen

вежа

der Tower

пасажыр

der Passagier

кантэйнер

der Container

кардонная скрыня

der Karton

тачка

der Karren

карзіна

der Korb

ўзлятаць / прызямляцца

starten / landen

# горад

# die Stadt

вёска

das Dorf

цэнтр горада

das Stadtzentrum

дом

das Haus

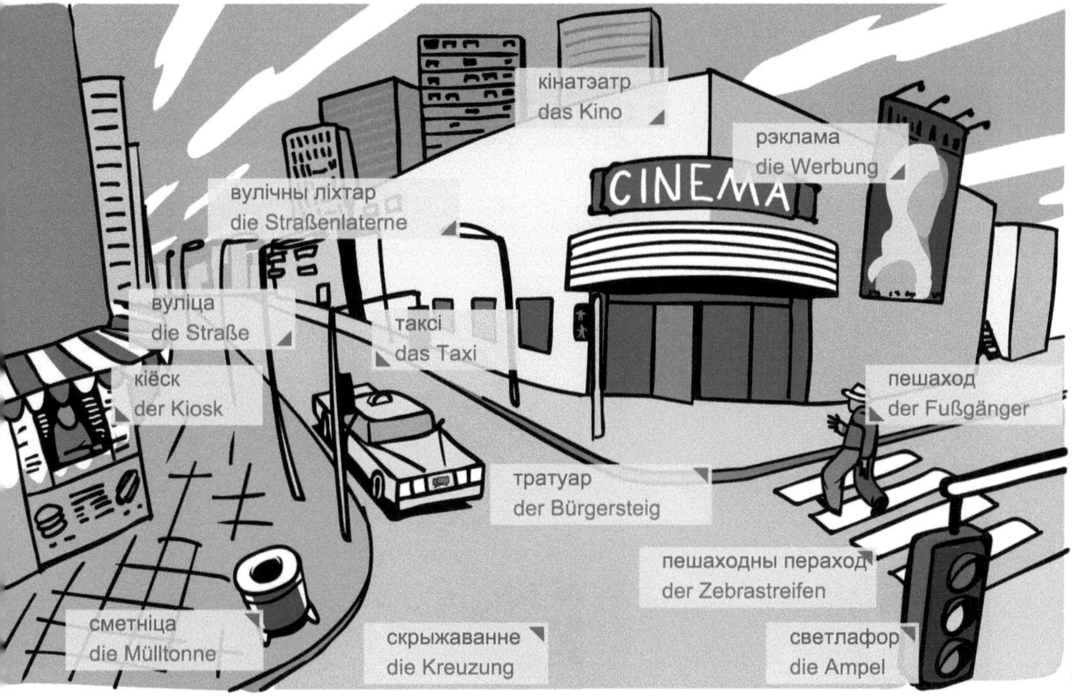

кінатэатр
das Kino

рэклама
die Werbung

вулічны ліхтар
die Straßenlaterne

CINEMA

вуліца
die Straße

таксі
das Taxi

пешаход
der Fußgänger

кіёск
der Kiosk

тратуар
der Bürgersteig

пешаходны пераход
der Zebrastreifen

сметніца
die Mülltonne

скрыжаванне
die Kreuzung

светлафор
die Ampel

халупа

die Hütte

кватэра

die Wohnung

чыгуначная станцыя

der Bahnhof

ратуша

das Rathaus

музей

das Museum

школа

die Schule

універсітэт

die Universität

банк

die Bank

шпіталь

das Krankenhaus

гатэль

das Hotel

аптэка

die Apotheke

офіс

das Büro

кнігарня

die Buchhandlung

крама

das Geschäft

кветкавая крама

der Blumenladen

супермаркет

der Supermarkt

кірмаш

der Markt

універмаг

das Kaufhaus

рыбная крама

der Fischhändler

гандлевы цэнтр

das Einkaufszentrum

порт

der Hafen

парк

der Park

лава

die Bank

мост

die Brücke

лесвіца

die Treppe

метро

die U-Bahn

тунэль

der Tunnel

прыпынак

die Bushaltestelle

бар

die Bar

рэстаран

das Restaurant

паштовая скрыня

der Briefkasten

вулічны паказальнік

das Straßenschild

паркамат

die Parkuhr

заапарк

der Zoo

басейн

die Badeanstalt

мячэць

die Moschee

сядзіба

der Bauernhof

забруджванне
навакольнага асяроддзя

die Umweltverschmutzung

могілкі

der Friedhof

царква

die Kirche

пляцоўка для гульні

der Spielplatz

храм

der Tempel

# краявід
# die Landschaft

ліст
das Blatt

паказальнік
der Wegweiser

дарога
der Weg

луг
die Wiese

камень
der Stein

падарожнік
der Wanderer

дрэва
der Baum

рака
der Fluss

трава
das Gras

кветка
die Blume

даліна

das Tal

гара

der Berg

возера

der See

лес

der Wald

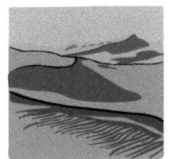

пустыня

die Wüste

вулкан

der Vulkan

замак

das Schloss

вясёлка

der Regenbogen

грыб

der Pilz

пальма

die Palme

камар

der Moskito

муха

die Fliege

мурашка

die Ameise

пчала

die Biene

павук

die Spinne

жук

der Käfer

жаба

der Frosch

вавёрка

das Eichhörnchen

вожык

der Igel

заяц

der Hase

сава

die Eule

птушка

die Vogel

лебедзь

der Schwan

дзік

das Wildschwein

алень

der Hirsch

лось

der Elch

плаціна

der Staudamm

вятрак

das Windrad

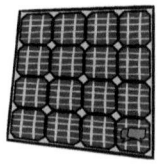

сонечная батарэя

das Solarmodul

клімат

das Klima

афіцыянт
der Kellner

меню
die Speisekarte

крэсла
der Stuhl

суп
die Suppe

піца
die Pizza

сталовыя прыборы
das Besteck

абрус
die Tischdecke

закуска

die Vorspeise

другая страва

das Hauptgericht

дэсерт

die Nachspeise

напоі

die Getränke

ежа

das Essen

бутэлька

die Flasche

хуткае харчаванне (фаст-фуд)

das Fastfood

стрыт-фуд

das Streetfood

імбрык (чайнік)

die Teekanne

цукарніца

die Zuckerdose

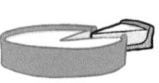

порцыя

die Portion

эспрэса-машына

die Espressomaschine

дзіцячае крэселка

der Hochstuhl

рахунак

die Rechnung

паднос

das Tablett

нож

das Messer

відэлец

die Gabel

лыжка

der Löffel

чайная лыжка

der Teelöffel

сурвэтка

die Serviette

шклянка

das Glas

рэстаран - das Restaurant

талерка
........
der Teller

супавая талерка
........
der Suppenteller

сподак
........
die Untertasse

соус
........
die Sauce

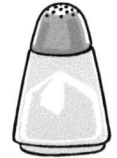

сальніца
........
der Salzstreuer

млынок для перцу
........
die Pfeffermühle

воцат
........
der Essig

алей
........
das Öl

спецыі
........
die Gewürze

кетчуп
........
das Ketchup

гарчыца
........
der Senf

маянэз
........
die Mayonnaise

# супермаркет

# der Supermarkt

акцыя
das Angebot
FOR
пакупнік
der Kunde
малочныя прадукты
die Milchprodukte
садавіна
das Obst
вазок
der Einkaufswagen


BUTCHERS


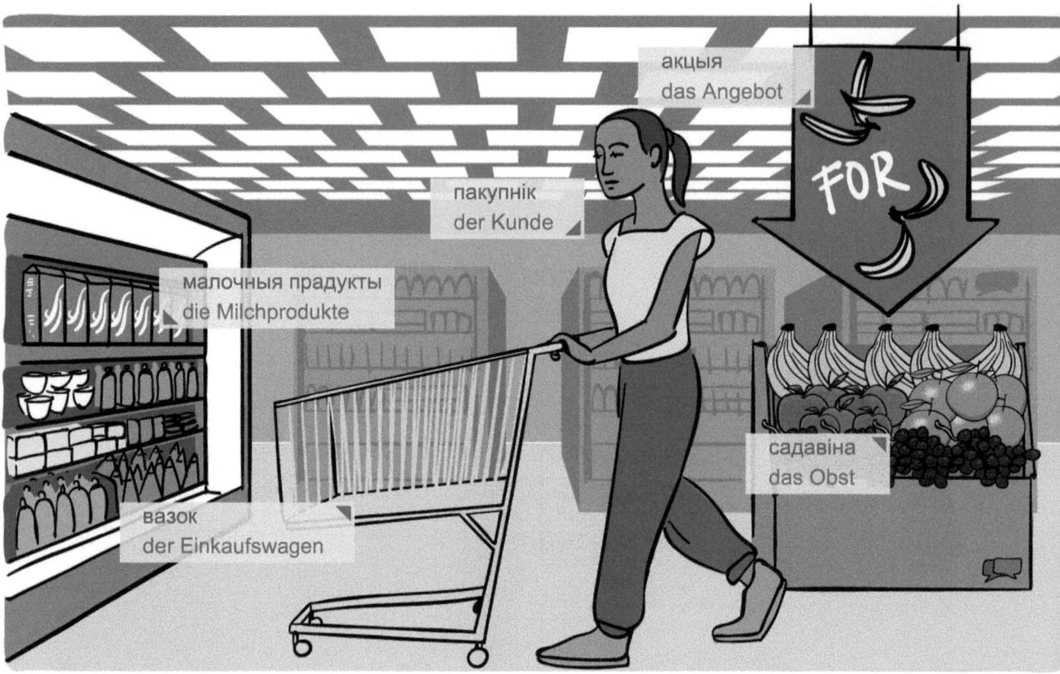

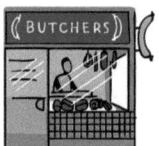

мясная крама

die Schlachterei

BAKERY


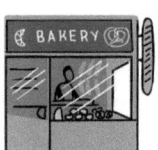

хлебны магазін

die Bäckerei

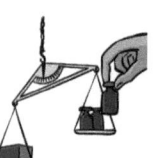

важыць

wiegen

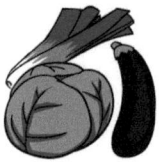

гароднiна

das Gemüse

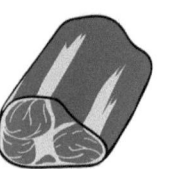

мяса

das Fleisch

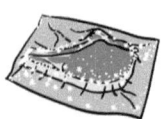

свежазамарожаныя прадукты

die Tiefkühlkost

нарэзка

der Aufschnitt

кансервы

die Konserven

пральны парашок

das Waschmittel

прысмакі

die Süßigkeiten

хатнія прылады

die Haushaltsartikel

чысцячы сродак

das Reinigungsmittel

прадавец

die Verkäuferin

каса

die Kasse

касір

der Kassierer

спіс пакупак

die Einkaufsliste

гадзіны працы

die Öffnungszeiten

бумажнік

die Brieftasche

крэдытная картка

die Kreditkarte

сумка

die Tasche

пакет

die Plastiktüte

супермаркет - der Supermarkt

вада

das Wasser

сок

der Saft

малако

die Milch

кола

die Cola

віно

der Wein

піва

das Bier

алкаголь

der Alkohol

какава

der Kakao

гарбата (чай)

der Tee

кава

der Kaffee

эспрэса

der Espresso

капучына

der Cappuccino

банан

die Banane

яблык

der Apfel

апельсін

die Orange

дыня

die Melone

лімон

die Zitrone

морква

die Karotte

часнок

der Knoblauch

бамбук

der Bambus

цыбуля

die Zwiebel

грыб

der Pilz

арэхі

die Nüsse

локшына

die Nudeln

спагеці

die Spaghetti

рыс

der Reis

салата

der Salat

бульба фры

die Pommes frites

смажаная бульба

die Bratkartoffeln

піца

die Pizza

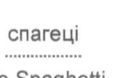

гамбургер

der Hamburger

бутэрброд

das Sandwich

шніцаль

das Schnitzel

вяндліна

der Schinken

салямі

die Salami

каўбаса

die Wurst

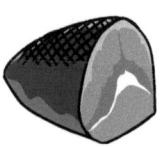

курыца

das Huhn

смажаніна

der Braten

рыбак

der Fisch

ежа - das Essen

аўсяныя камякі

die Haferflocken

мюслі

das Müsli

кукурузныя шматкі

die Cornflakes

мука

das Mehl

круасан

das Croissant

булачка

das Brötchen

хлеб

das Brot

тост

der Toast

пячэнне

die Kekse

масла

die Butter

тварог

der Quark

пірог

der Kuchen

яйка

das Ei

яечня

das Spiegelei

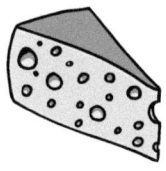

сыр

der Käse

марожанае

die Eiscreme

цукар

der Zucker

мёд

der Honig

варэнне

die Marmelade

нуга

die Nougat-Creme

кары

das Curry

# сядзіба
# der Bauernhof

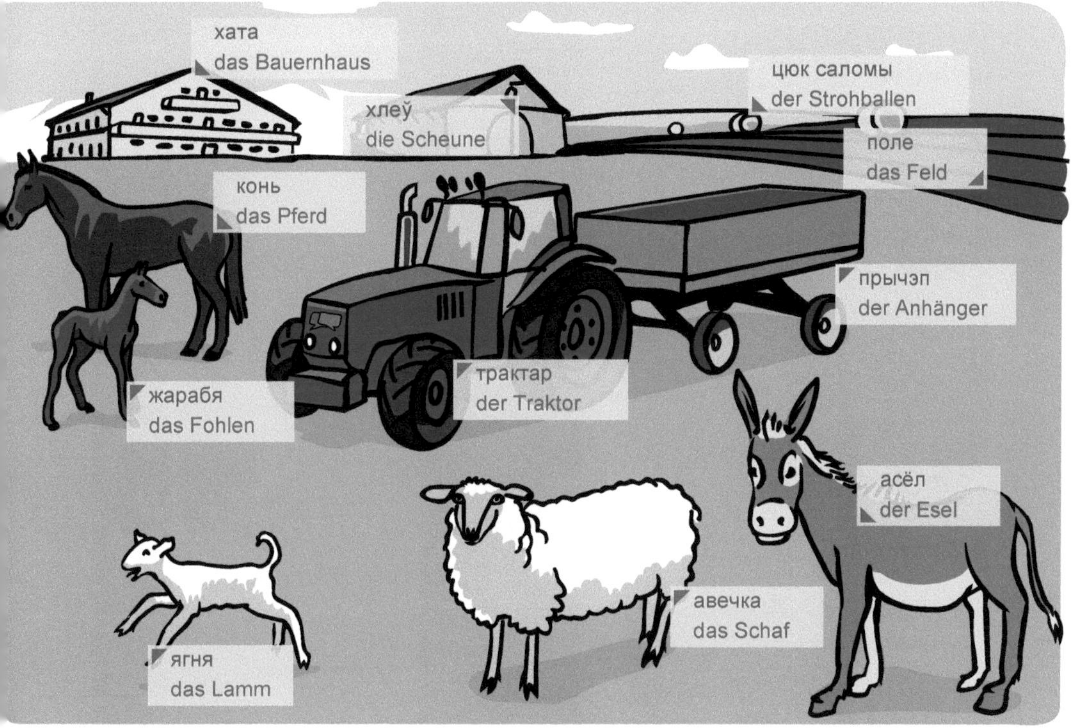
хата
das Bauernhaus
хлеў
die Scheune
цюк саломы
der Strohballen
поле
das Feld
конь
das Pferd
прычэп
der Anhänger
трактар
der Traktor
жарабя
das Fohlen
асёл
der Esel
авечка
das Schaf
ягня
das Lamm

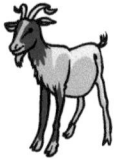

каза

die Ziege

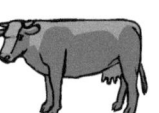

карова

die Kuh

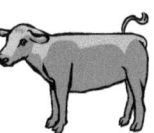

цяля

das Kalb

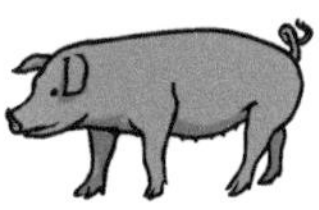

свіння

das Schwein

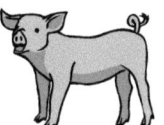

парася

das Ferkel

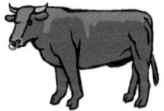

бык

der Bulle

гусак

die Gans

качка

die Ente

кураня

das Küken

курыца

das Huhn

певень

der Hahn

пацук

die Ratte

кот

die Katze

мыш

die Maus

вол

der Ochse

сабака

der Hund

сабачая будка

die Hundehütte

садовы шланг

der Gartenschlauch

палівачка

die Gießkanne

каса

die Sense

плуг

der Pflug

серп

die Sichel

матыка

die Hacke

вілы для гною

die Mistgabel

сякера

die Axt

тачка

die Schubkarre

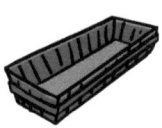

карыта

der Trog

бітон для малака

die Milchkanne

мех

der Sack

плот

der Zaun

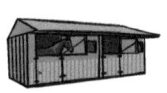

хлеў

der Stall

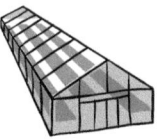

цяпліца

das Treibhaus

глеба

der Boden

насенне

die Saat

угнаенне

der Dünger

камбайн

der Mähdrescher

збіраць ураджай

ernten

ураджай

die Ernte

ямс

die Yamswurzel

пшаніца

der Weizen

соя

das Soja

бульба

die Kartoffel

кукуруза

der Mais

рапс

der Raps

садовае дрэва

der Obstbaum

маніёк

der Maniok

збожжа

das Getreide

сядзіба - der Bauernhof

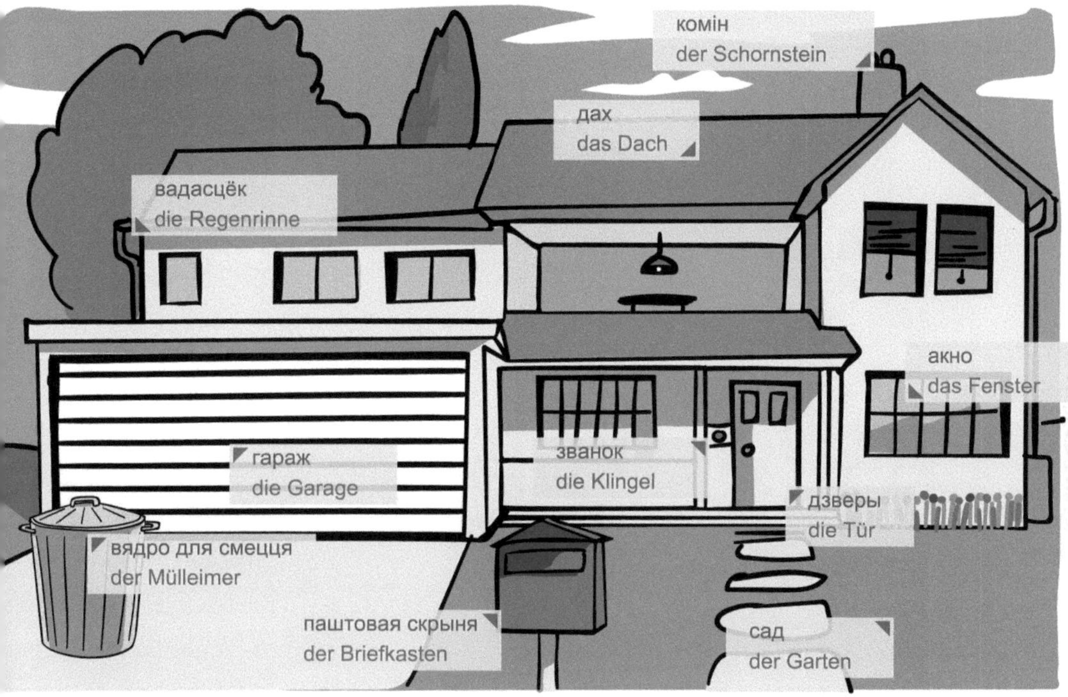

## das Haus

комін
der Schornstein

дах
das Dach

вадасцёк
die Regenrinne

акно
das Fenster

гараж
die Garage

званок
die Klingel

дзверы
die Tür

вядро для смецця
der Mülleimer

паштовая скрыня
der Briefkasten

сад
der Garten

жылы пакой
das Wohnzimmer

ванная
das Badezimmer

кухня
die Küche

спальны пакой
das Schlafzimmer

дзіцячы пакой
das Kinderzimmer

сталоўка
das Esszimmer

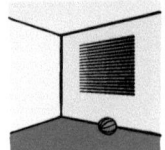

падлога

der Boden

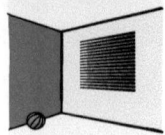

сцяна

die Wand

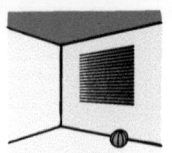

столь

die Decke

падвал

der Keller

саўна

die Sauna

балкон

der Balkon

тэраса

die Terrasse

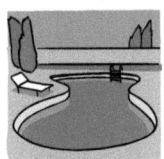

басейн

das Schwimmbad

касілка

der Rasenmäher

падкоўдранік

der Bettbezug

коўдра

die Bettdecke

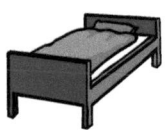

ложак

das Bett

венік

der Besen

вядро

der Eimer

выключальнік

der Schalter

# жылы пакой

# das Wohnzimmer

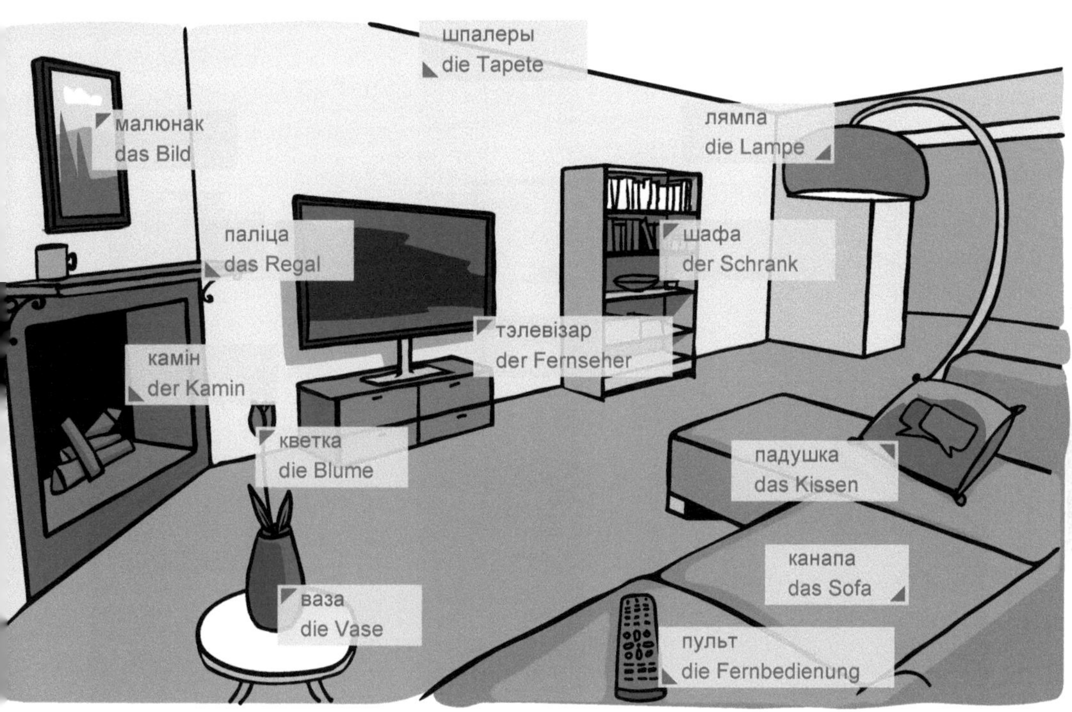
шпалеры
die Tapete
малюнак
das Bild
лямпа
die Lampe
паліца
das Regal
шафа
der Schrank
тэлевізар
der Fernseher
камін
der Kamin
кветка
die Blume
падушка
das Kissen
канапа
das Sofa
ваза
die Vase
пульт
die Fernbedienung

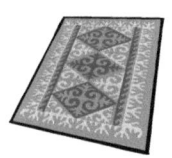

дыван

der Teppich

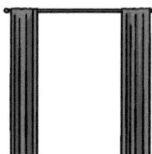

фіранка

der Vorhang

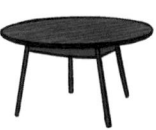

стол

der Tisch

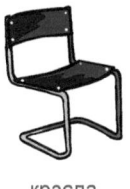

крэсла

der Stuhl

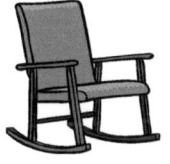

крэсла-качалка

der Schaukelstuhl

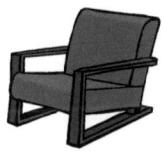

крэсла

der Sessel

кніга

das Buch

коўдра

die Decke

дэкарацыя

die Dekoration

дровы

das Feuerholz

кіно

der Film

стэрэасістэма

die Stereoanlage

ключ

der Schlüssel

газета

die Zeitung

карціна

das Gemälde

постар

das Poster

радыё

das Radio

нататнік

der Notizblock

пыласос

der Staubsauger

кактус

der Kaktus

свечка

die Kerze

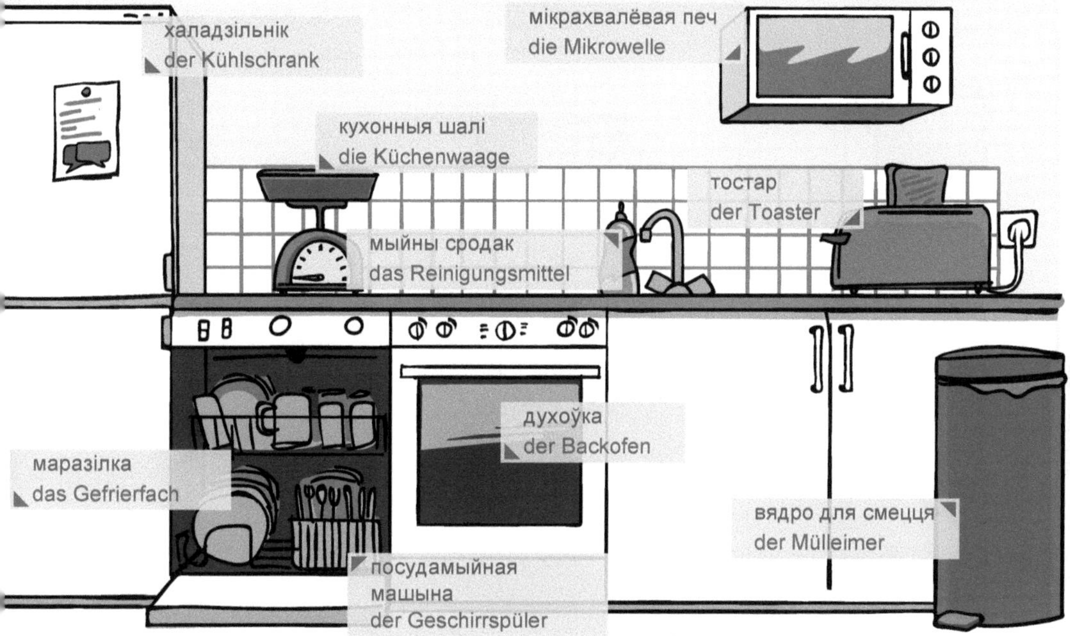

халадзільнік
der Kühlschrank

мікрахвалёвая печ
die Mikrowelle

кухонныя шалі
die Küchenwaage

тостар
der Toaster

мыйны сродак
das Reinigungsmittel

маразілка
das Gefrierfach

духоўка
der Backofen

вядро для смецця
der Mülleimer

посудамыйная
машына
der Geschirrspüler

плíта

der Herd

рондаль

der Topf

чыгунок

der Eisentopf

Вок / кадаі

der Wok / Kadai

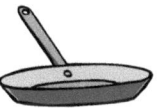

патэльня

die Pfanne

чайнік

der Wasserkocher

параварка

der Dampfgarer

бляха

das Backblech

посуд

das Geschirr

кубак

der Becher

міска

die Schale

палачкі для ежы

die Essstäbchen

чарпак

die Suppenkelle

лапатачка

der Pfannenwender

збівалка

der Schneebesen

сіта для варэння

das Kochsieb

сіта

das Sieb

тарка

die Reibe

ступка

der Mörser

грыль

der Grill

вогнішча

die Feuerstelle

кухня - die Küche

дошка

das Schneidebrett

качалка

das Nudelholz

штопар

der Korkenzieher

бляшанка

die Dose

адкрывалка

der Dosenöffner

прыхваткі

der Topflappen

ракавіна

das Waschbecken

шчотка

die Bürste

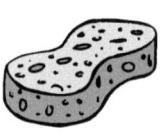

губка

der Schwamm

міксер

der Mixer

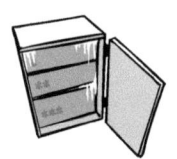

маразільная камера

die Gefriertruhe

бутэлечка

die Babyflasche

вадаправодны кран

der Wasserhahn

# ванная

# das Badezimmer

душ
die Dusche
ручніковы сушыцель
die Heizung
ручнік
das Handtuch
штора для душа
der Duschvorhang
пенная ванна
das Schaumbad
ванна
die Badewanne
шклянка
das Glas
мыйная машына
die Waschmaschine
вадаправодны кран
der Wasserhahn
плітка
die Fliesen
начны гаршчок
das Töpfchen
ракавіна
das Waschbecken

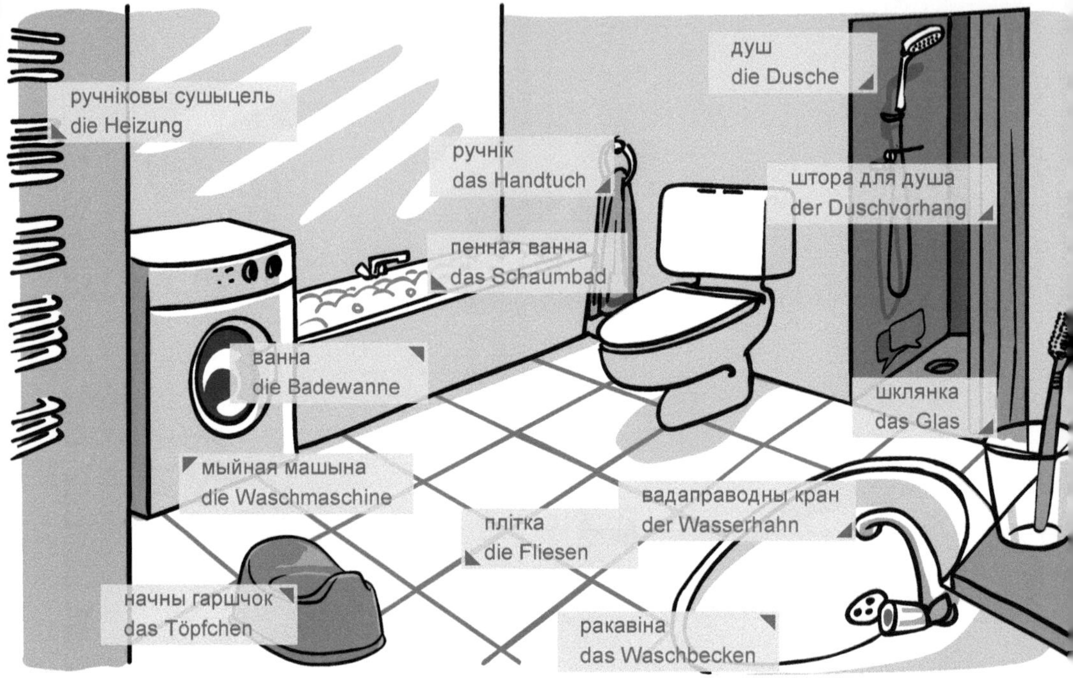

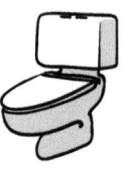

туалет

die Toilette

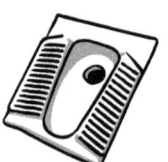

падлогавы ўнітаз

die Hocktoilette

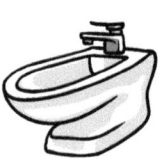

бідэ

das Bidet

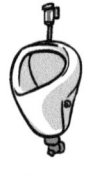

пісуар

das Pissoir

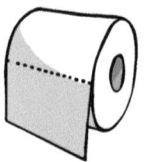

туалетная папера

das Toilettenpapier

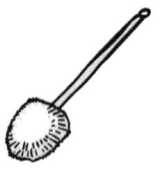

шчотка для чысткі ўнітаза

die Toilettenbürste

зубная шчотка

die Zahnbürste

зубная паста

die Zahnpasta

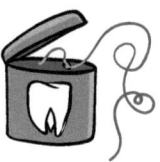

зубная нітка

die Zahnseide

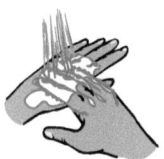

мыць

waschen

ручны душ

die Handbrause

інтымны душ

die Intimdusche

умывальнік

die Waschschüssel

шчотка для спіны

die Rückenbürste

мыла

die Seife

гель для душа

das Duschgel

шампунь

das Shampoo

вяхотка

der Waschlappen

вадасцёк

der Abfluss

крэм

die Creme

дэзадарант

das Deodorant

люстэрка

der Spiegel

касметычнае люстэрка

der Kosmetikspiegel

станок для галення

der Rasierer

пена для галення

der Rasierschaum

ласьён пасля галення

das Rasierwasser

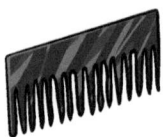

грэбень

der Kamm

шчотка

die Bürste

фен

der Föhn

лак для валасоў

das Haarspray

касметыка

das Makeup

памада

der Lippenstift

лак для пазногцяў

der Nagellack

вата

die Watte

манікюрныя нажніцы

die Nagelschere

духі

das Parfum

касметычка
der Kulturbeutel

табурэтка
der Hocker

вагі
die Waage

лазневы халат
der Bademantel

санітарныя пальчаткі
die Gummihandschuhe

тампон
das Tampon

гігіенічныя пракладкі
die Damenbinde

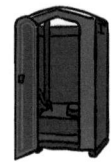

біятуалет
die Chemietoilette

# дзіцячы пакой

# das Kinderzimmer

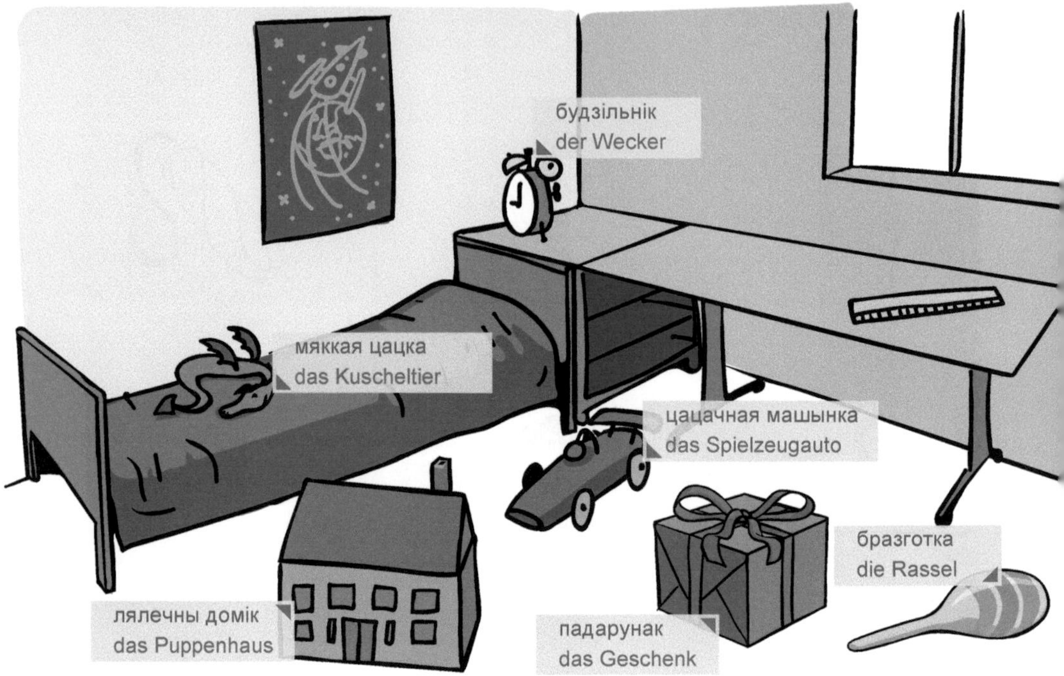
будзільнік
der Wecker
мяккая цацка
das Kuscheltier
цацачная машынка
das Spielzeugauto
бразготка
die Rassel
лялечны домік
das Puppenhaus
падарунак
das Geschenk

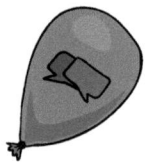

надзіманы шарык

der Ballon

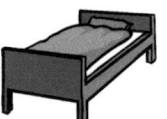

ложак

das Bett

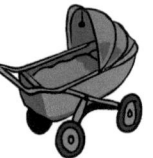

дзіцячая каляска

der Kinderwagen

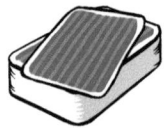

калода картаў

das Kartenspiel

пазл

das Puzzle

SUPER MEGA

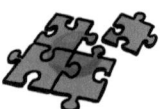

комікс

der Comic

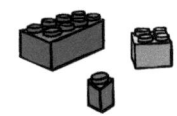

канструктар "Лега"

die Legosteine

канструктар

die Bausteine

экшэн-фігурка

die Action Figur

дзіцячы гарнітур

der Strampelanzug

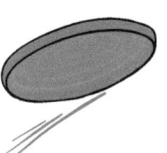

фрызбі

das Frisbee

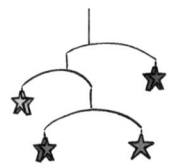

дзіцячы мабіль

das Mobile

настольная гульня

das Brettspiel

кубік

der Würfel

дзіцячая чыгунка

die Modelleisenbahn

пустышка

der Schnuller

дзіцячае свята

die Party

кніга з малюнкамі

das Bilderbuch

мячык

der Ball

лялька

die Puppe

гуляцца

spielen

пясочніца

der Sandkasten

арэлі

die Schaukel

цацкі

das Spielzeug

гульнявая відэа прыстаўка

die Spielkonsole

трохколавы ровар

das Dreirad

плюшавы мішка

der Teddy

шафа

der Kleiderschrank

## адзенне
## die Kleidung

шкарпэткі

die Socken

панчохі

die Strümpfe

калготкі

die Strumpfhose

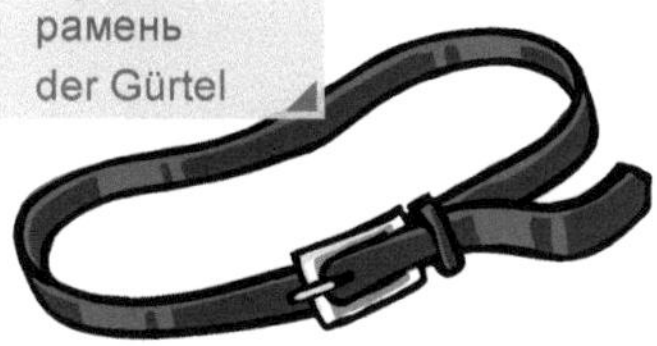

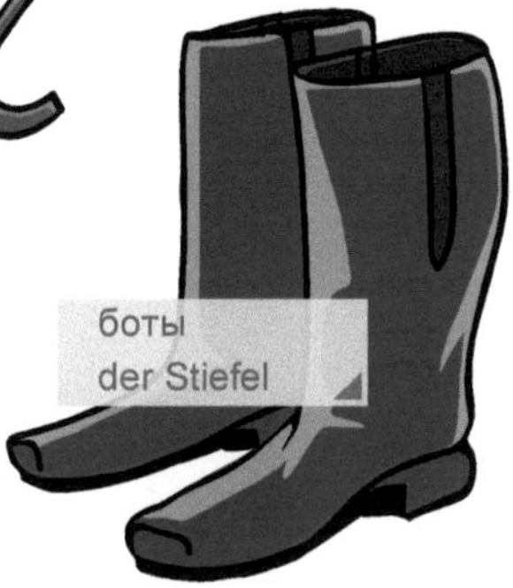

шалік
der Schal

парасон
der Regenschirm

рамень
der Gürtel

цішотка
das T-Shirt

красоўкі
die Turnschuhe

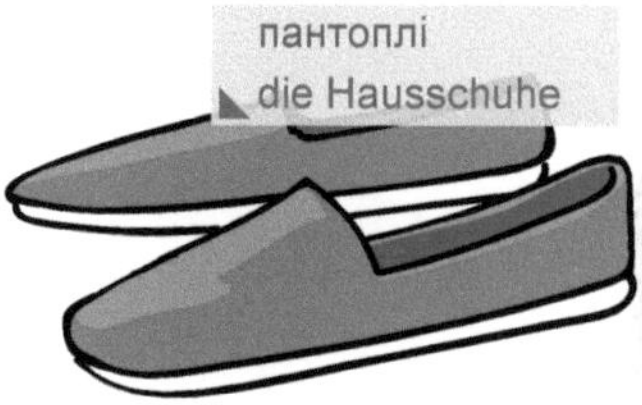

боты
der Stiefel

пантоплі
die Hausschuhe

сандалі

die Sandalen

абутак

die Schuhe

гумовыя боты

die Gummistiefel

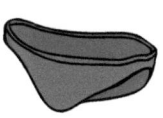

трусы

die Unterhose

бюстгальтар

der Büstenhalter

майка

das Unterhemd

бодзі

der Body

штаны

die Hose

джынсы

die Jeans

спадніца

der Rock

блузка

die Bluse

кашуля

das Hemd

джэмпер

der Pullover

талстоўка

der Kapuzenpullover

блэйзер

der Blazer

куртка

die Jacke

паліто

der Mantel

дажджавік

der Regenmantel

касцюм

das Kostüm

сукенка

das Kleid

вясельная сукенка

das Hochzeitskleid

касцюм

der Anzug

начная сарочка

das Nachthemd

піжама

der Schlafanzug

сары

der Sari

хустка

das Kopftuch

цюрбан

der Turban

паранджа

die Burka

каптан

der Kaftan

Абая

die Abaya

купальнік

der Badeanzug

плаўкі

die Badehose

шорты

die kurze Hose

спартыўны касцюм

der Trainingsanzug

фартух

die Schürze

пальчаткі

die Handschuhe

гузік
..................
der Knopf

акуляры
..................
die Brille

бранзалет
..................
das Armband

каралі
..................
die Halskette

кальцо
..................
der Ring

завушніца
..................
der Ohrring

кепка
..................
die Mütze

вешалка
..................
der Kleiderbügel

капялюш
..................
der Hut

гальштук
..................
die Krawatte

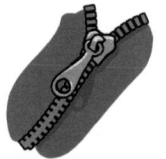

маланка
..................
der Reißverschluss

шлем
..................
der Helm

падцяжкі
..................
der Hosenträger

школьная форма
..................
die Schuluniform

уніформа
..................
die Uniform

нагруднік
................
das Lätzchen

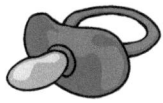

пустышка
................
der Schnuller

падгузнік
................
die Windel

# офіс
# das Büro

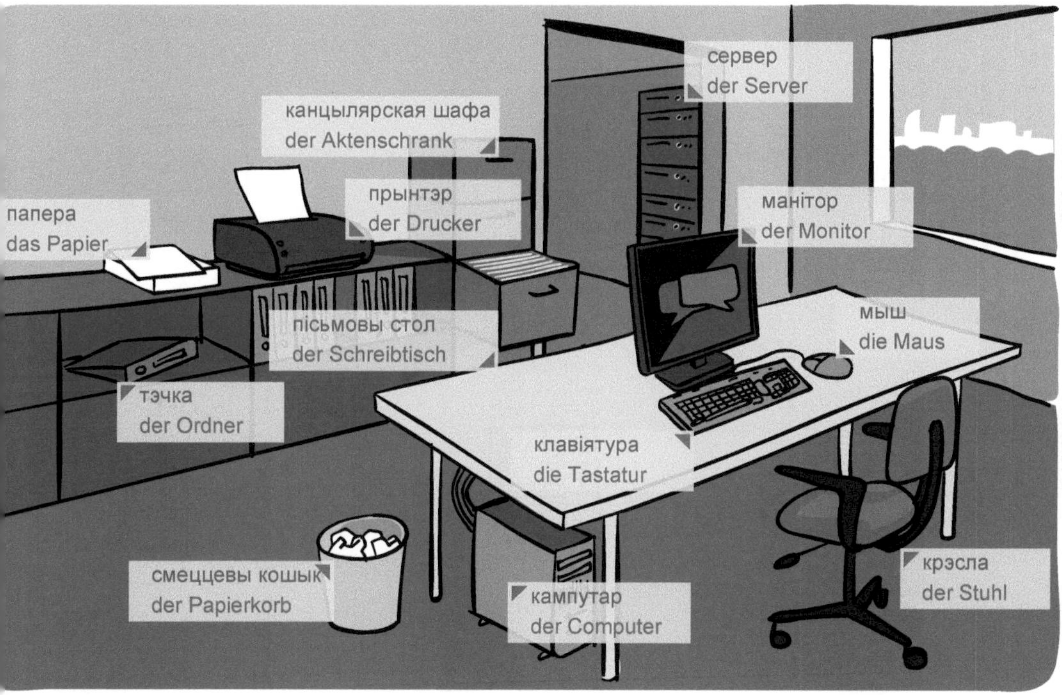

сервер
der Server

канцылярская шафа
der Aktenschrank

прынтэр
der Drucker

манітор
der Monitor

папера
das Papier

пісьмовы стол
der Schreibtisch

мыш
die Maus

тэчка
der Ordner

клавіятура
die Tastatur

смеццевы кошык
der Papierkorb

кампутар
der Computer

крэсла
der Stuhl

убак для кавы (філіжанка)
................
der Kaffeebecher

калькулятар
................
der Taschenrechner

інтэрнэт
................
das Internet

ноўтбук

der Laptop

ліст

der Brief

паведамленне

die Nachricht

мабільны тэлефон

das Handy

сетка

das Netzwerk

ксеракс

der Kopierer

праграмнае забеспячэнне

die Software

тэлефон

das Telefon

разетка

die Steckdose

факс

das Fax

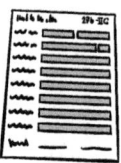

фармуляр

das Formular

дакумент

das Dokument

купляць

kaufen

плаціць

bezahlen

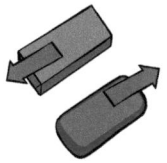

гандляваць

handeln

грошы

das Geld

долар

der Dollar

еўра

der Euro

ена

der Yen

рубель

der Rubel

франк

der Franken

кітайскі юань

der Renminbi Yuan

рупія

die Rupie

банкамат

der Geldautomat

абменны пункт

die Wechselstube

золата

das Gold

срэбра

das Silber

нафта

das Öl

энергія

die Energie

цана

der Preis

кантракт

der Vertrag

падатак

die Steuer

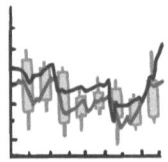

акцыя

die Aktie

працаваць

arbeiten

служачы

der Angestellte

працадаўца

der Arbeitgeber

фабрыка

die Fabrik

крама

das Geschäft

# прафесіі
# die Berufe

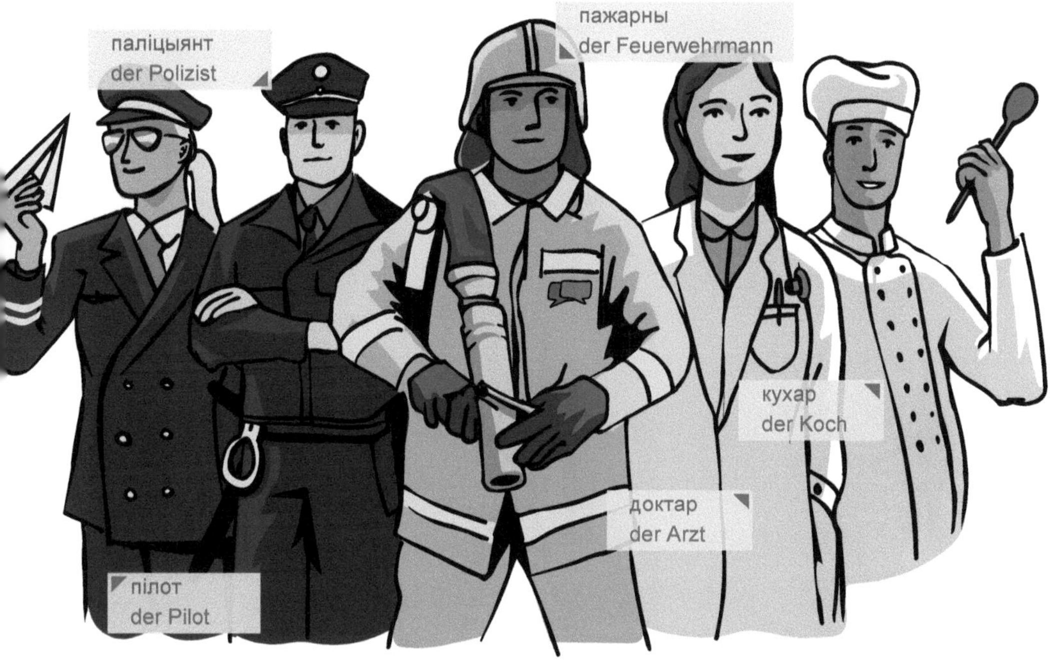
паліцыянт
der Polizist
пажарны
der Feuerwehrmann
кухар
der Koch
доктар
der Arzt
пілот
der Pilot

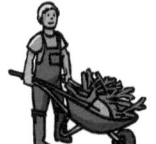

садоўнік

der Gärtner

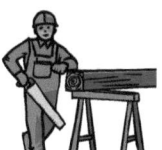

слесар

der Tischler

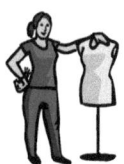

швачка

die Näherin

суддзя

der Richter

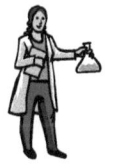

хімік

der Chemiker

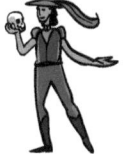

артыст

der Schauspieler

кіроўца аўтобуса

der Busfahrer

таксіст

der Taxifahrer

рыбак

der Fischer

прыбіральшчыца

die Putzfrau

страхар

der Dachdecker

афіцыянт

der Kellner

паляўнічы

der Jäger

мастак

der Maler

пекар

der Bäcker

электрык

der Elektriker

будаўнік

der Bauarbeiter

інжынер

der Ingenieur

мяснік

der Schlachter

сантэхнік

der Klempner

паштальён

der Postbote

прафесіі - die Berufe

салдат

der Soldat

архітэктар

der Architekt

касір

der Kassierer

фларыст

der Florist

цырульнік

der Friseur

кандуктар

der Schaffner

механік

der Mechaniker

капітан

der Kapitän

стаматолаг

der Zahnarzt

вучоны

der Wissenschaftler

рабін

der Rabbi

імам

der Imam

манах

der Mönch

святар

der Geistliche

# інструменты

# die Werkzeuge

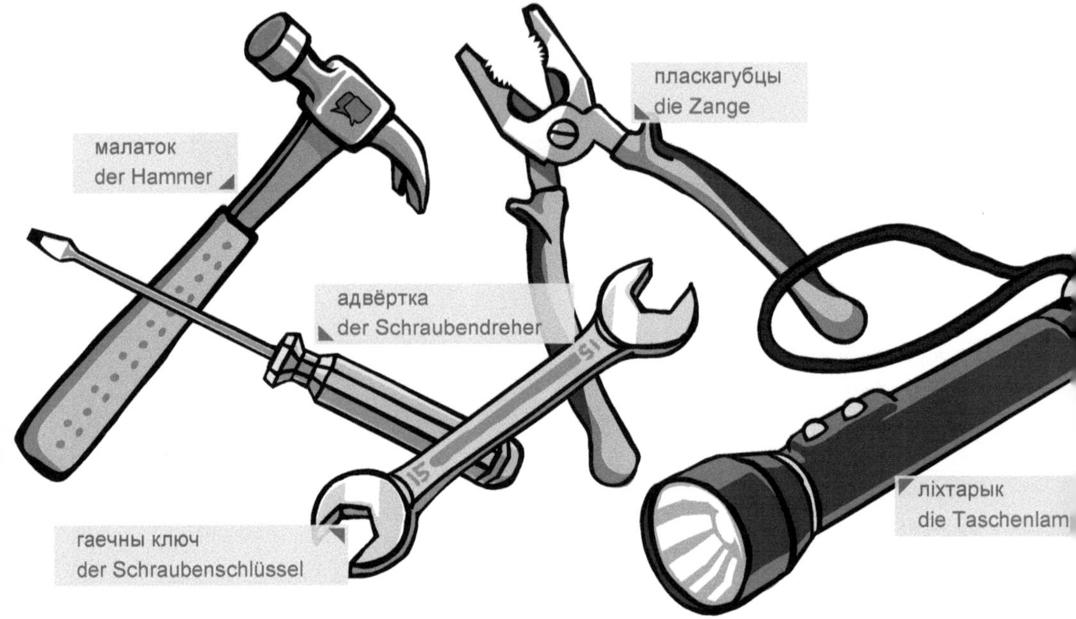

пласкагубцы
die Zange
малаток
der Hammer
адвёртка
der Schraubendreher
ліхтарык
die Taschenlam
гаечны ключ
der Schraubenschlüssel


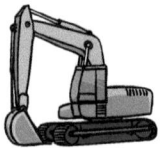

экскаватар

der Bagger

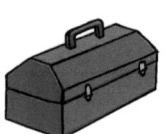

скрыня для інструментаў

der Werkzeugkasten

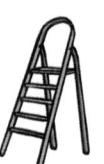

дравіны

die Leiter

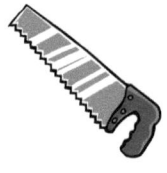

піла

die Säge

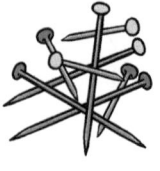

цвікі

die Nägel

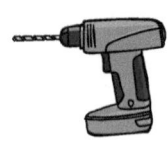

дрыль

der Bohrer

рамантаваць

reparieren

рыдлеўка

die Schaufel

Халера!

Mist!

шуфлік для смецця

das Kehrblech

вядро з фарбаю

der Farbtopf

балты

die Schrauben

## музычныя інструменты
## die Musikinstrumente

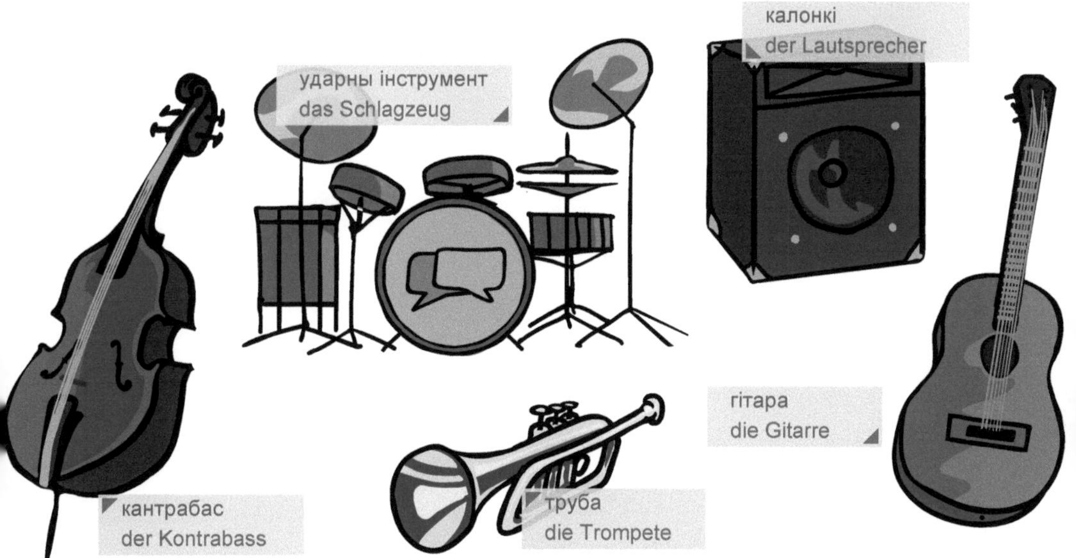

ударны інструмент
das Schlagzeug

калонкі
der Lautsprecher

гітара
die Gitarre

кантрабас
der Kontrabass

труба
die Trompete

піяніна

das Klavier

скрыпка

die Violine

басгітара

der Bass

літаўры

die Pauke

барабан

die Trommeln

клавішны электрамузычны
інструмент

das Keyboard

саксафон

das Saxophon

флейта

die Flöte

мікрафон

das Mikrofon

# заапарк

# der Zoo

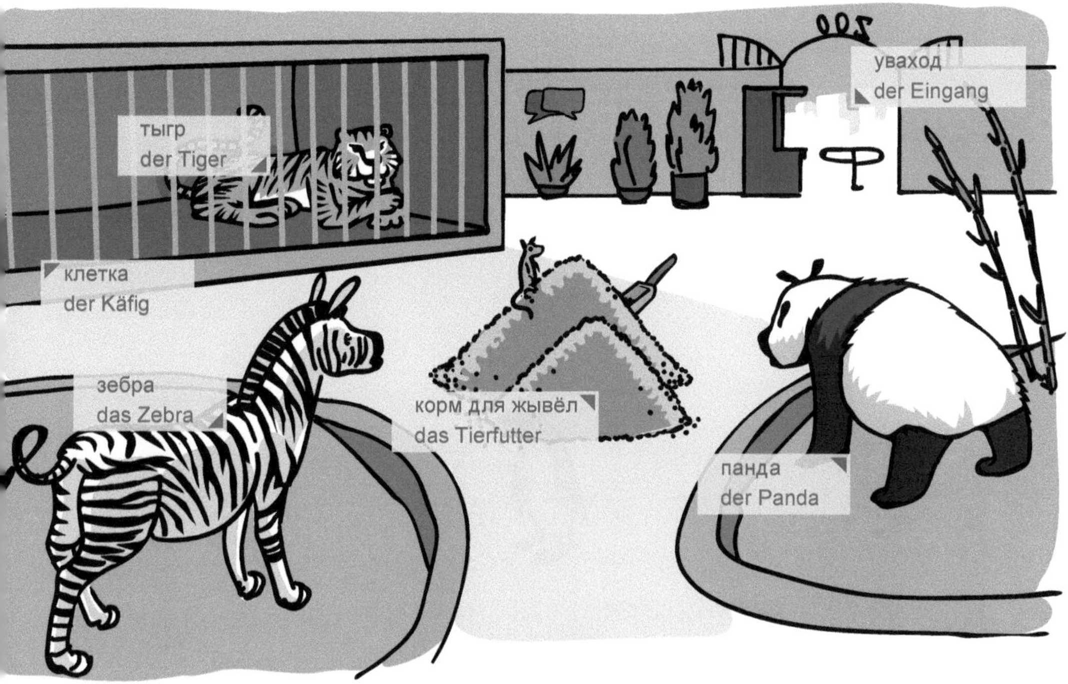

тыгр
der Tiger
уваход
der Eingang
клетка
der Käfig
зебра
das Zebra
корм для жывёл
das Tierfutter
панда
der Panda


жывёлы

die Tiere

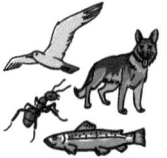

слон

der Elefant

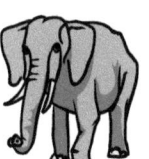

кенгуру

das Känguruh

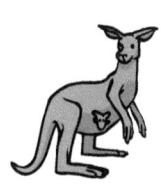

насарог

das Nashorn

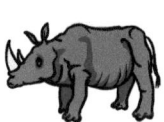

гарыла

der Gorilla

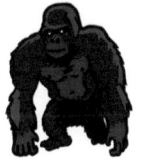

мядзведзь

der Bär

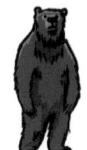

вярблюд

das Kamel

стравус

der Strauß

леў

der Löwe

малпа

der Affe

фламінга

der Flamingo

папугай

der Papagei

белы мядзведзь

der Eisbär

пінгвін

der Pinguin

акула

der Hai

паўлін

der Pfau

змяя

die Schlange

кракадзіл

das Krokodil

наглядчык заапарка

der Zoowärter

цюлень

die Robbe

ягуар

der Jaguar

поні
das Pony

леапард
der Leopard

бегемот
das Nilpferd

жыраф
die Giraffe

арол
der Adler

дзік
das Wildschwein

рыбак
der Fisch

чарапаха
die Schildkröte

морж
das Walross

ліса
der Fuchs

газель
die Gazelle

заапарк - der Zoo

61

амерыканскі футбол
das American Football

веласпорт
das Radfahren

тэніс
das Tennis

баскетбол
der Basketball

плаванне
das Schwimmen

хакей з шайбай
das Eishockey

бокс
das Boxen

футбол
der Fußball

бадмінтон
das Badminton

лёгкая атлетыка
die Leichtathletik

гандбол
der Handball

горныя лыжы
das Skilaufen

пола
das Polo

# дзейнасць

# die Aktivitäten

скакаць
springen
смяяцца
lachen
абдымаць
umarmen
ісці
gehen
спяваць
singen
марыць
träumen
маліцца
beten
цалаваць
küssen

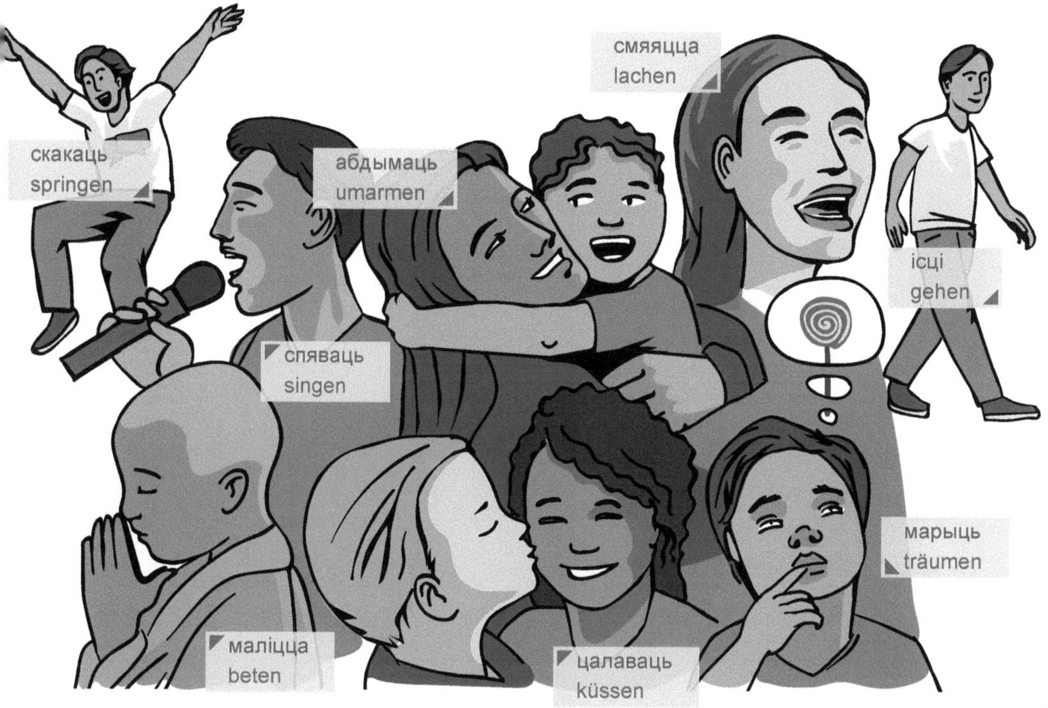

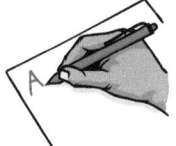

пісаць

schreiben

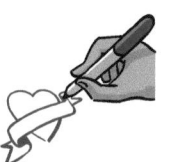

маляваць

zeichnen

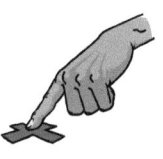

паказваць

zeigen

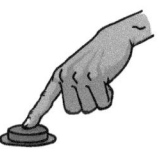

націснуць

drücken

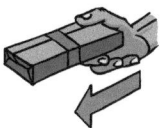

даваць

geben

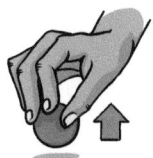

браць

nehmen

мaць

haben

выконваць

tun

быць

sein

стаяць

stehen

бегчы

laufen

цягнуць

ziehen

кідаць

werfen

падаць

fallen

ляжаць

liegen

чакаць

warten

насіць

tragen

сядзець

sitzen

апранацца

anziehen

спаць

schlafen

прачынацца

aufwachen

глядзець

ansehen

плакаць

weinen

лашчыць

streicheln

прычэсвацца

kämmen

гаварыць

reden

разумець

verstehen

пытаць

fragen

чуць

hören

піць

trinken

есці

essen

прыбіраць

aufräumen

кахаць

lieben

гатаваць

kochen

ехаць

fahren

лятаць

fliegen

дзейнасць - die Aktivitäten

плаваць пад ветразем

segeln

лічыць

rechnen

чытаць

lesen

вучыць

lernen

працаваць

arbeiten

уступаць у шлюб

heiraten

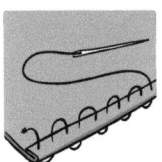

шыць

nähen

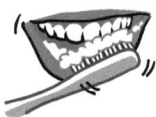

чысціць зубы

Zähne putzen

забіваць

töten

курыць

rauchen

пасылаць

senden

# сям'я

# die Familie

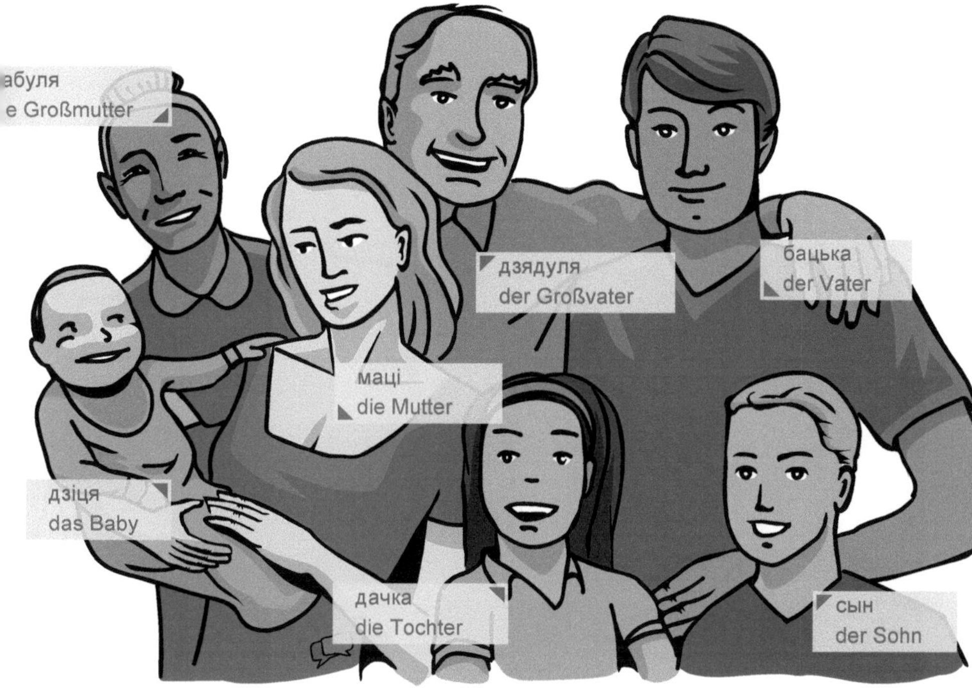
абуля
e Großmutter
дзядуля
der Großvater
бацька
der Vater
маці
die Mutter
дзіця
das Baby
дачка
die Tochter
сын
der Sohn

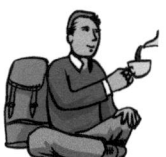

госць

der Gast

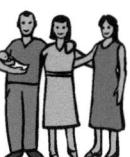

цётка

die Tante

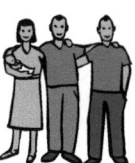

дзядзька

der Onkel

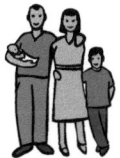

брат

der Bruder

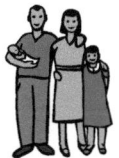

сястра

die Schwester

# цела

# der Körper

лоб
die Stirn
вока
das Auge
плячо
die Schulter
палец
der Finger
твар
das Gesicht
падбародак
das Kinn
рука
die Hand
нага
das Bein
грудзі
die Brust
рука
der Arm


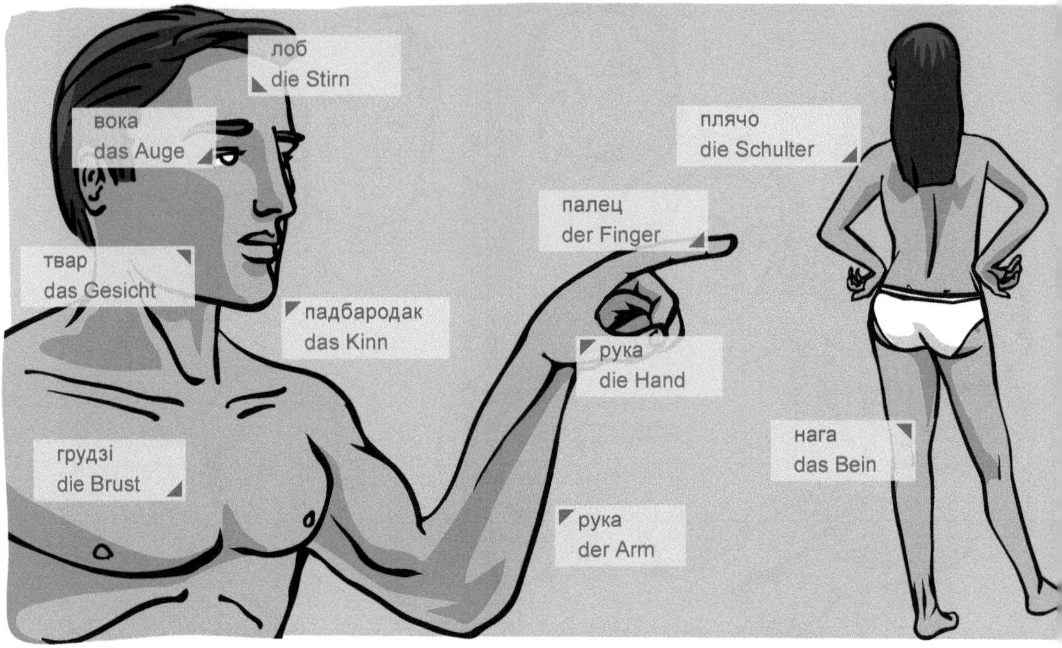

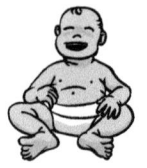

дзіця

das Baby

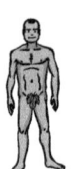

мужчына

der Mann

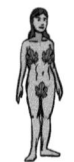

жанчына

die Frau

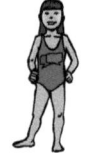

дзяўчынка

das Mädchen

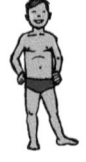

хлопчык

der Junge

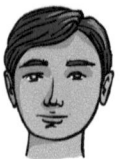

галава

der Kopf

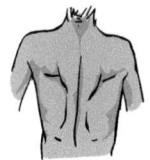

спіна
der Rücken

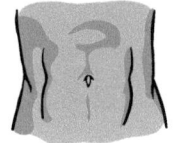

жывот
der Bauch

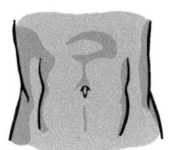

пуп
der Nabel

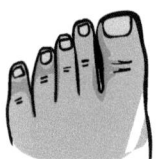

палец нагі
der Zeh

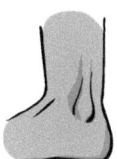

пятка
die Ferse

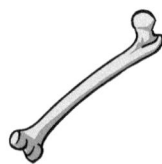

костка
der Knochen

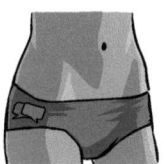

бядро
die Hüfte

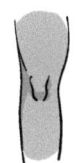

калена
das Knie

локаць
der Ellenbogen

нос
die Nase

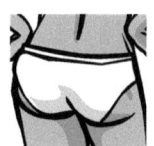

ягадзіца
das Gesäß

скура
die Haut

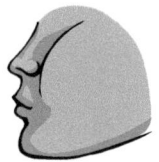

шчака
die Wange

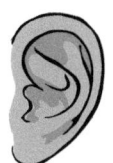

вуха
das Ohr

губа
die Lippe

цела  -  der Körper

рот

der Mund

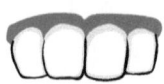

зуб

der Zahn

язык

die Zunge

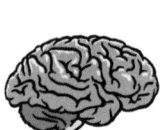

галаўны мозг

das Gehirn

сэрца

das Herz

мышца

der Muskel

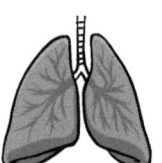

лёгкае

die Lunge

пячонка

die Leber

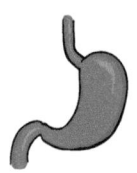

страўнік

der Magen

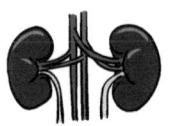

ныркі

die Nieren

сэкс

der Geschlechtsverkehr

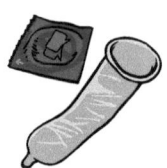

прэзерватыў

das Kondom

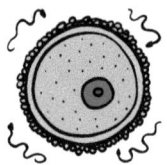

яйцаклетка

die Eizelle

сперма

das Sperma

цяжарнасць

die Schwangerschaft

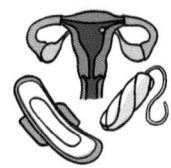

менструацыя

die Menstruation

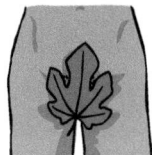

похва

die Vagina

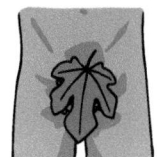

пеніс

der Penis

брыво

die Augenbraue

валасы

das Haar

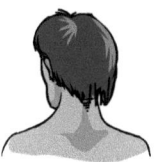

шыя

der Hals

# шпіталь

# das Krankenhaus

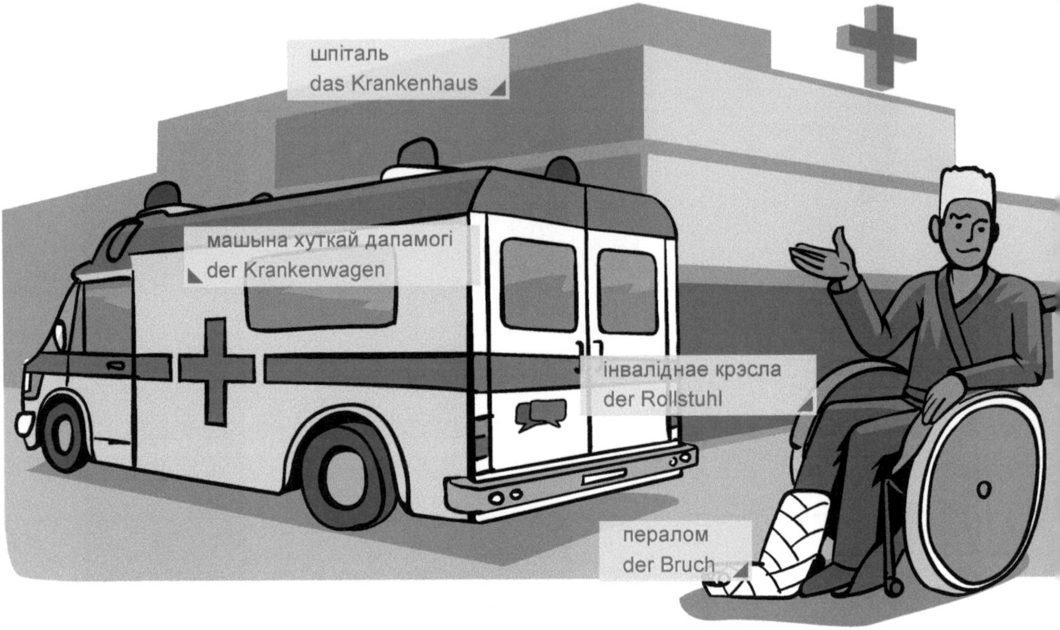

шпіталь
das Krankenhaus
машына хуткай дапамогі
der Krankenwagen
інваліднае крэсла
der Rollstuhl
пералом
der Bruch

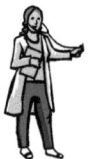

доктар

der Arzt

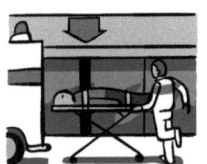

аддзяленне першай дапамогі

die Notaufnahme

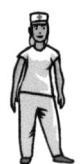

медсястра

die Krankenschwester

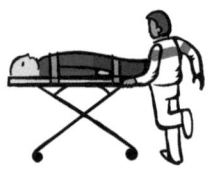

экстраная дапамога

der Notfall

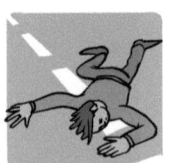

непрытомны

ohnmächtig

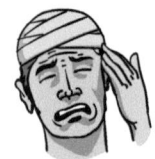

боль

der Schmerz

траўма

die Verletzung

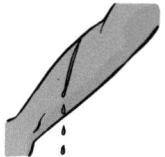

крывацёк

die Blutung

інфаркт

der Herzinfarkt

апаплексія

der Schlaganfall

алергія

die Allergie

кашаль

der Husten

гарачка

das Fieber

грып

die Grippe

панос

der Durchfall

галаўны боль

die Kopfschmerzen

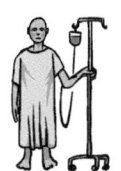

рак

der Krebs

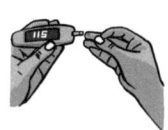

дыябет

die Diabetis

хірург

der Chirurg

скальпель

das Skalpell

аперацыя

die Operation

КТ

das CT

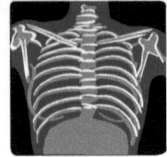

рэнтген

das Röntgen

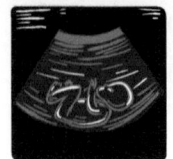

ультрагук

das Ultraschall

маска

die Maske

хвароба

die Krankheit

пачакальня

das Wartezimmer

мыліца

die Krücke

пластыр

das Pflaster

бінт

der Verband

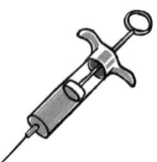

ін'екцыя

die Injektion

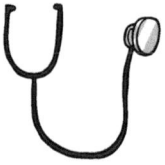

стэтаскоп

das Stethoskop

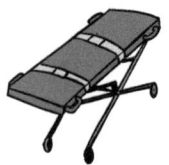

насілкі

die Trage

градуснік

das Thermometer

нараджэнне

die Geburt

лішняя вага

das Übergewicht

шпіталь - das Krankenhaus

слухавы апарат

das Hörgerät

дэзінфекцыйны сродак

das Desinfektionsmittel

інфекцыя

die Infektion

вірус

das Virus

ВІЧ/СНІД

das HIV / AIDS

лекі

die Medizin

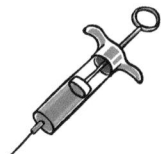

прышчэпка

die Impfung

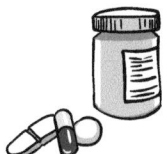

таблеткі

die Tabletten

супрацьзачаткавая таблетка

die Pille

экстраны выклік

der Notruf

танометр

das Blutdruck-Messgerät

хворы / здаровы

krank / gesund

Ратуйце!

Hilfe!

сігналізацыя

der Alarm

напад

der Überfall

атака

der Angriff

небяспека

die Gefahr

аварыйны выхад

der Notausgang

Пажар!

Feuer!

вогнетушыцель

der Feuerlöscher

аварыя

der Unfall

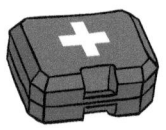

аптэчка

der Erste-Hilfe-Koffer

СОС

SOS

паліцыя

die Polizei

Еўропа

das Europa

Паўночная Амерыка

das Nordamerika

Паўднёвая Амерыка

das Südamerika

Афрыка

das Afrika

Азія

das Asien

Аўстралія

das Australien

Атлантычны акіян

der Atlantik

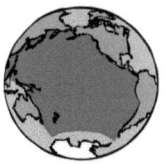

Ціхі акіян

der Pazifik

Індыйскі акіян

der Indische Ozean

Паўднёвы ледавіты акіян

der Antarktische Ozean

Паўночны ледавіты акіян

der Arktische Ozean

Паўночны полюс

der Nordpol

Паўднёвы полюс

der Südpol

Антарктыда

die Antarktis

Зямля

die Erde

краіна

das Land

мора

das Meer

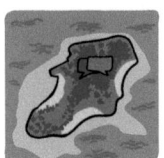

востраў

die Insel

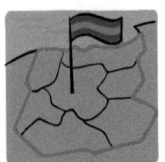

нацыя

die Nation

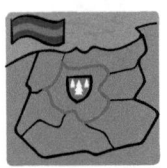

дзяржава

der Staat

цыферблат

das Zifferblatt

гадзінная стрэлка

der Stundenzeiger

хвілінная стрэлка

der Minutenzeiger

секундная стрэлка

der Sekundenzeiger

Колькі часу?

Wie spät ist es?

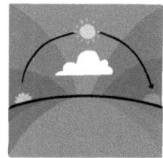

дзень

der Tag

час

die Zeit

зараз

jetzt

электронны гадзіннік

die Digitaluhr

хвіліна

die Minute

гадзіна

die Stunde

# тыдзень
## die Woche

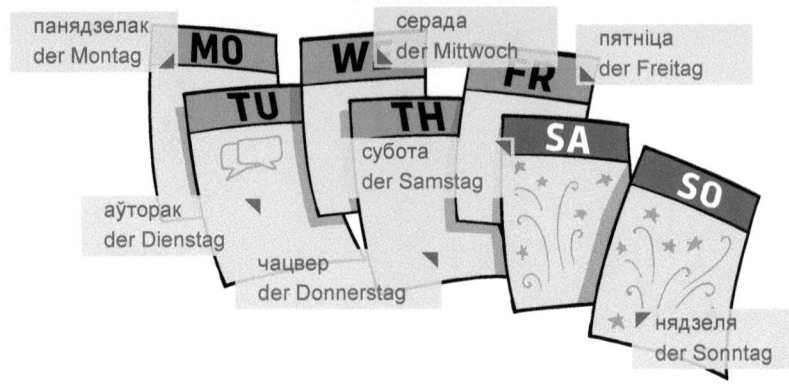

панядзелак
der Montag

серада
der Mittwoch

пятніца
der Freitag

аўторак
der Dienstag

субота
der Samstag

чацвер
der Donnerstag

нядзеля
der Sonntag

ўчора

gestern

сёння

heute

заўтра

morgen

раніца

der Morgen

абед

der Mittag

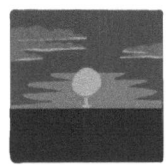

вечар

der Abend

працоўныя дні

die Arbeitstage

выхадныя

das Wochenende

# год
# das Jahr

дождж
der Regen
вясёлка
der Regenbogen
снег
der Schnee
вецер
der Wind
вясна
der Frühling
восень
der Herbst
лета
der Sommer
зіма
der Winter

4.APRIL 11°
5.APRIL 4°
6.APRIL 13°
7.APRIL 8°
8.APRIL 10°

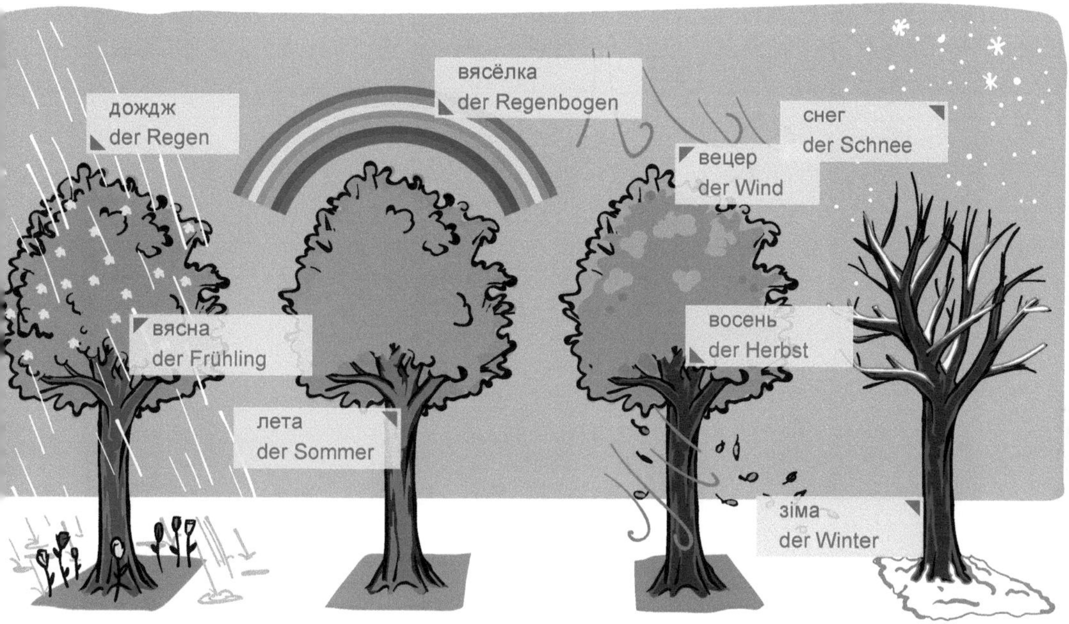

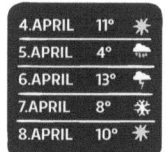

прагноз надвор'я

die Wettervorhersage

F
C

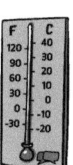

градуснік

das Thermometer

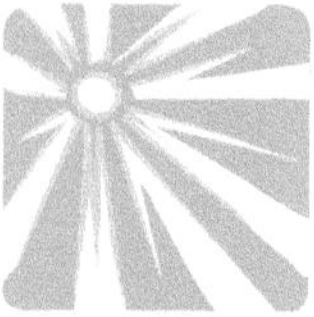

сонечнае святло

der Sonnenschein

воблака

die Wolke

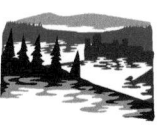

туман

der Nebel

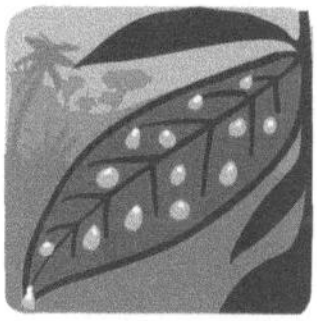

вільготнасць паветра

die Luftfeuchtigkeit

маланка

der Blitz

гром

der Donner

бура

der Sturm

град

der Hagel

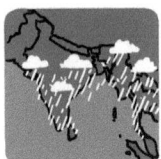

мусонны вецер

der Monsun

прыліў

die Flut

лёд

das Eis

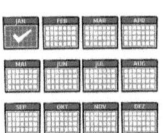

студзень

der Januar

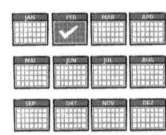

люты

der Februar

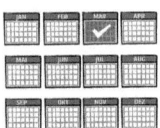

сакавік

der März

красавік

der April

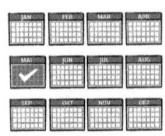

май

der Mai

чэрвень

der Juni

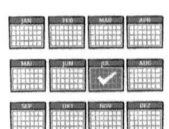

ліпень

der Juli

жнівень

der August

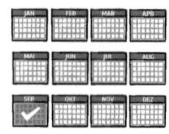

верасень

der September

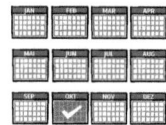

кастрычнік

der Oktober

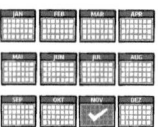

лістапад

der November

снежань

der Dezember

## формы
## die Formen

круг

der Kreis

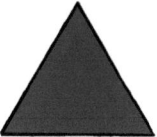

квадрат

das Quadrat

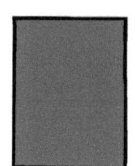

прамавугольнік

das Rechteck

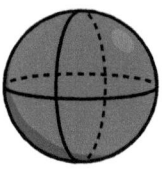

трохвугольнік

das Dreieck

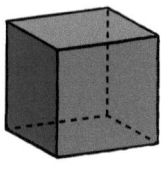

шар

die Kugel

куб

der Würfel

белы

weiß

жоўты

gelb

аранжавы

orange

ружовы

pink

чырвоны

rot

фіялетавы

lila

сіні

blau

зялёны

grün

карычневы

braun

шэры

grau

чорны

schwarz

шмат / мала

viel / wenig

злы / добры

wütend / friedlich

прыгожы / брыдкі

hübsch / hässlich

пачатак / канец

der Anfang / das Ende

высокі / малы

groß / klein

светлы / цёмны

hell / dunkel

сястра / брат

der Bruder / die Schwester

чысты / брудны

sauber / schmutzig

поўны / няпоўны

vollständig / unvollständig

дзень / ноч

der Tag / die Nacht

мёртвы / жывы

tot / lebendig

шырокі / вузкі

breit / schmal

ядомы / неядомы

genießbar / ungenießbar

злы / добры

böse / freundlich

узбуджаны / нудны

aufgeregt / gelangweilt

тоўсты / тонкі

dick / dünn

першы / апошні

zuerst / zuletzt

сябар / вораг

der Freund / der Feind

поўны / пусты

voll / leer

цвёрды / мяккі

hart / weich

важкі / лёгкі

schwer / leicht

голад / смага

der Hunger / der Durst

хворы / здаровы

krank / gesund

нелегальны / легальны

illegal / legal

разумны / дурны

intelligent / dumm

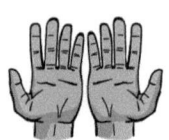

левы / правы

links / rechts

побач / далёка

nah / fern

новы / былы ва ўжыванні

neu / gebraucht

нічога / нешта

nichts / etwas

стары / малады

alt / jung

укл / выкл

an / aus

адчынены / зачынены

offen / geschlossen

ціхі / гучны

leise / laut

багаты / бедны

reich / arm

правільна / няправільна

richtig / falsch

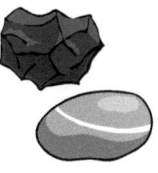

шурпаты / гладкі

rau / glatt

сумны / шчаслівы

traurig / glücklich

кароткі / доўгі

kurz / lang

павольны / хуткі

langsam / schnell

вільготны / сухі

nass / trocken

цёплы / халаднаваты

warm / kühl

вайна / мір

der Krieg / der Frieden

супрацьлегласці - die Gegenteile

## die Zahlen

**0**

нуль

null

**1**

адзін

eins

**2**

два

zwei

**3**

тры

drei

**4**

чатыры

vier

**5**

пяць

fünf

**6**

шэсць

sechs

**7**

сем

sieben

**8**

восем

acht

**9**

дзевяць

neun

**10**

дзесяць

zehn

**11**

адзінаццаць

elf

## 12
дванаццаць
zwölf

## 13
трынаццаць
dreizehn

## 14
чатырнаццаць
vierzehn

## 15
пятнаццаць
fünfzehn

## 16
шаснаццаць
sechzehn

## 17
сямнаццаць
siebzehn

## 18
васямнаццаць
achtzehn

## 19
дзевятнаццаць
neunzehn

## 20
дваццаць
zwanzig

## 100
сто
hundert

## 1.000
тысяча
tausend

## 1.000.000
мільён
million

## die Sprachen

англійская

Englisch

англійская (Амерыка)

Amerikanisches Englisch

кітайская мандарынская

Chinesisch Mandarin

хіндзі

Hindi

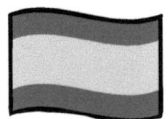

іспанская

Spanisch

французская

Französisch

арабская

Arabisch

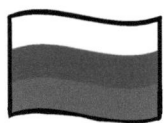

руская

Russisch

партугальская

Portugiesisch

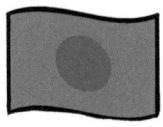

бенгальская

Bengalisch

нямецкая

Deutsch

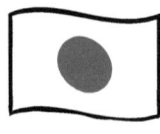

японская

Japanisch

я
...................
ich

ты
...................
du

ён / яна / яно
...................
er / sie / es

мы
...................
wir

вы
...................
ihr

яны
...................
sie

хто?
...................
wer?

што?
...................
was?

як?
...................
wie?

дзе?
...................
wo?

калі?
...................
wann?

імя
...................
Name

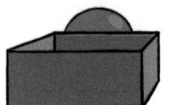

за
hinter

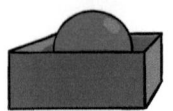

у
in

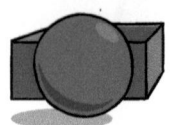

перад
vor

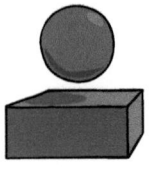

над
über

на
auf

пад
unter

каля
neben

паміж
zwischen

месца
der Ort